L'HIVER AU CANADA

Les sports

Kelly Spence

Texte français d'Hélène Rioux

SCHOLASTIC

Références photographiques :

Copyright © : couverture : Sportstock/iStockphoto; 4ᵉ de couverture, en haut : Claus Andersen/ Getty Images; neige sur la 4ᵉ de couverture, 1-2 : TungCheung/Shutterstock; 4 : Iurii Osadchi/ Shutterstock; 5 : jewhyte/123RF; 6 : Denis Brodeur/NHLI/Getty Images; 7 en haut : Claus Andersen/Getty Images; 7 en bas : Fifoprod/Dreamstime; 8 : Lyle Stafford/ Reuters/Alamy Images; 9 en haut : Brian Clarke/All Habs; 9 en bas : Randal J. Kwapis/ Mobility Sports LLC; 10 : Steve Kingsman/Dreamstime; 11 en bas, à gauche : Andrew Vaughan/ Canadian Press Images; 11 en bas, à droite : Lorraine Swanson/Dreamstime; 12 : Iurii Osadchi/ Shutterstock; 13 en haut : Aija Lehtonen/Shutterstock; 13 en bas : Olga Besnard/Shutterstock; 14 : Sherri LaRose/KRT/Newscom; 15 en haut : Harry How/Getty Images; 16 : David Robertson/ Alamy Images; 17 en haut : Jamie Roach/Shutterstock; 17 en bas : Gemenacom/Shutterstock; 18 : Issei Kato/Reuters/Alamy Images; 19 en haut : mikecranephotography.com/Alamy Images; 19 en bas, à gauche : Todd Korol/Reuters/Alamy Images; 19 en bas, à droite : dpa picture alliance/Alamy Images; 20 : Rob Kints/Shutterstock; 21 en haut : technotr/iStockphoto; 21 en bas : Yohei Osada/AFLO/Newscom; 22 : anatols/iStockphoto; 23 en haut : Michelle Gilders/ Alamy Images; 23 en bas, à gauche : Martin Moxter/imageBROKER/Alamy Images; 23 en bas, à droite : Johnny431/Dreamstime; 24 : Tyler Olson/Shutterstock; 25 en haut : gkuchera/Bigstock; 25 au centre : gillmar/Shutterstock; 25 en bas : blickwinkel/Lohmann/ Alamy Images; 26 : Volodymyr Burdiak/Shutterstock; 27 en haut : Fred Thornhill/Reuters/ Alamy Images; 27 en bas : IgorXIII/Shutterstock; 28 : Brad Mitchell/Alamy Images; 29 en haut : Yiannis Kourtoglou/Alamy Images; 29 au centre, en haut : marekuliasz/Shutterstock; 29 au centre, en bas : marekuliasz/Shutterstock; 29 en bas : Vitalii Nesterchuk/Shutterstock; 30 : Vitalii Nesterchuk/Shutterstock; 31 en haut : RooM the Agency/Alamy Images; 31 au centre : Marek CECH/Shutterstock; 31 en bas : polunoch/Shutterstock.

Catalogage avant publication de Bibliothèque et Archives Canada
Spence, Kelly
[Sports. Français]
Les sports / Kelly Spence ; texte français d'Hélène Rioux.
(L'hiver au Canada)
Traduction de: Sports.
ISBN 978-1-4431-5768-1 (couverture souple)
1. Sports d'hiver--Ouvrages pour la jeunesse. 2. Sports d'hiver--
Canada--Ouvrages pour la jeunesse. I. Titre. II. Titre: Sports.
Français.
GV841.15.S6414 2017   j796.9   C2017-901804-3

Édition publiée par les Éditions Scholastic,
604, rue King Ouest, Toronto (Ontario) M5V 1E1.

5 4 3 2 1   Imprimé en Malaisie   108   17 18 19 20 21

Conception graphique : Ruth Dwight
Illustrations : M. MacLean
Recherche photographique : Adrianna Edwards, Ron Edwards et Paula Joiner

TABLE DES MATIÈRES

ON JOUE!

Le premier jour de l'hiver n'arrive officiellement qu'à la fin du mois de décembre, et pourtant, pour de nombreux Canadiens, la saison démarre dès la première chute de neige. Quand la température devient froide, il est temps de s'emmitoufler et d'aller dehors!

C'est en patinant, en skiant, en jouant au hockey, en pratiquant la motoneige et d'autres activités hivernales qu'on profite au maximum des mois de froid et de neige.

Le Canada est reconnu dans le monde entier pour ses performances de haut niveau dans les sports d'hiver. Tous les quatre ans, des athlètes canadiens participent aux Jeux olympiques et nous éblouissent de leurs talents. Vêtus de rouge et de blanc, nous nous rassemblons d'un océan à l'autre pour acclamer les membres de l'équipe canadienne qui déploient d'incroyables efforts pour remporter l'or. Certaines personnes sont d'avis que nous avons les sports d'hiver dans le sang. Cet amour fait partie de l'identité canadienne!

En février 2014, l'équipe de hockey féminine canadienne a remporté la médaille d'or aux Jeux olympiques de Sotchi, en Russie.

Le Parc Olympique Canada, à Calgary, est fréquenté par les athlètes, mais aussi par les familles.

Please Load 5m Apart

RECORDS DU MONDE HIVERNAUX

- Le 3 février 1947, c'est à Snag, au Yukon, que fut enregistrée la température la plus froide en Amérique du Nord : - 63 °C.

- Le mont Fidelity, dans le parc national des Glaciers, en Colombie-Britannique, reçoit la plus grosse quantité annuelle de neige au Canada avec 1 388 cm. C'est aussi là qu'on enregistre le plus grand nombre de jours avec des chutes de neige : 141 jours par année.

- Sur l'île d'Ellesmere, au Nunavut, Alert détient le record de la plus longue période de couverture de neige par année avec en moyenne 304 jours.

- Le plus important blizzard de l'histoire a sévi en février 1999 à Tahtsa Lake West, en Colombie-Britannique, quand 145 cm de neige sont tombés en une période de 24 heures.

HOCKEY

Le hockey est le sport national officiel du Canada. Depuis des centaines d'années, les gens chaussent leurs patins et vont jouer. Des Canadiens de tous âges adorent les parties de hockey improvisées — de façon informelle, juste pour le plaisir. Et des millions de jeunes jouent dans des ligues mineures et apprennent ainsi les règles du jeu. Au niveau international, les équipes nationales canadiennes féminines et masculines sont parmi les meilleures au monde.

La partie commence par la mise au jeu. Un gardien protège le filet tandis que cinq coéquipiers s'élancent à travers la patinoire. Ils patinent autour de leurs adversaires et essaient de faire entrer la rondelle dans le but adverse. L'équipe gagnante est celle qui a compté le plus de buts à la fin des 60 minutes de jeu. En cas d'égalité, des périodes supplémentaires ou des tirs au but départagent les deux équipes.

En 1993, le Canadien de Montréal célèbre sa victoire après avoir remporté la Coupe Stanley.

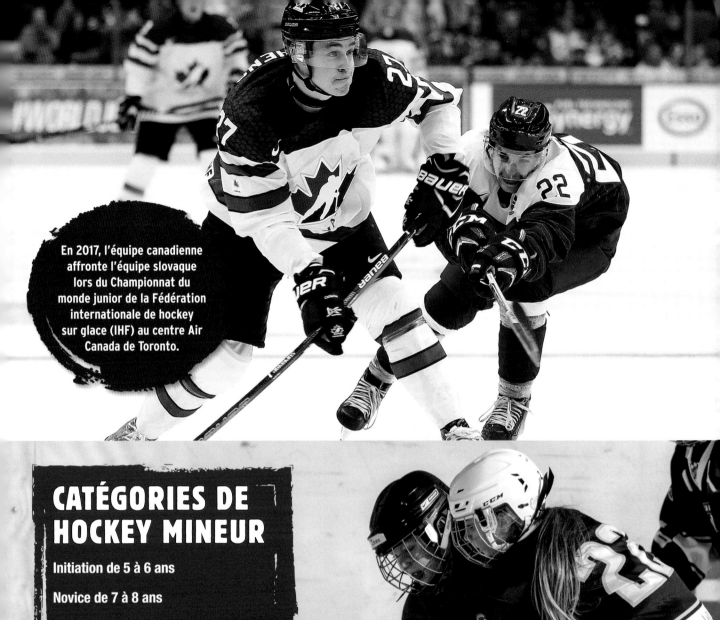

En 2017, l'équipe canadienne affronte l'équipe slovaque lors du Championnat du monde junior de la Fédération internationale de hockey sur glace (IHF) au centre Air Canada de Toronto.

CATÉGORIES DE HOCKEY MINEUR

Initiation de 5 à 6 ans

Novice de 7 à 8 ans

Atome de 9 à 10 ans

Pee-Wee de 11 à 12 ans

Bantam de 13 à 14 ans

Midget de 15 à 17 ans

Junior de 18 à 20 ans

HOCKEY PARALYMPIQUE

Le hockey paralympique, également connu sous le nom de hockey sur **luge**, a été importé de la Suède au Canada en 1979. Ce sport a été élaboré pour les personnes souffrant de **handicaps** dans la partie inférieure du corps. Les joueurs sont attachés sur une luge sous laquelle sont fixées deux lames de patin. Chaque joueur a deux bâtons qu'il utilise pour contrôler la rondelle et se déplacer. À une extrémité des bâtons, il y a un **pic** que le joueur peut planter dans la glace pour se diriger. Une lame courbée est fixée à l'autre extrémité et sert à passer ou à lancer la rondelle. Les bâtons des gardiens de but sont munis de pics supplémentaires qui les aident à bouger dans la **zone de but**.

Le hockey paralympique est un sport physique nécessitant vitesse et **endurance**. De nombreuses personnes non handicapées aiment pratiquer ce sport passionnant. Pour les compétitions internationales, les athlètes voulant se qualifier pour faire partie d'une équipe doivent cependant souffrir d'un handicap.

Le Canada et l'Italie se sont affrontés en hockey sur luge durant les Jeux paralympiques d'hiver de Vancouver, en 2010.

← pic

pic →

Jordan Clarke (au milieu) est photographié avec deux membres de l'équipe nationale du Canada lors des Jeux paralympiques d'hiver en 2014.

Les luges sont en aluminium. Ce métal léger permet aux joueurs de se déplacer rapidement sur la glace. Grâce à la structure surélevée, la rondelle peut passer sous la luge.

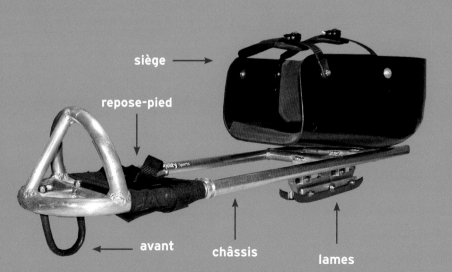

siège →

repose-pied ↓

← avant

châssis

lames

HOCKEY PARALYMPIQUE

- Les premiers Jeux paralympiques d'hiver se sont déroulés à Örnsköldsvik, en Suède, en 1976.

- Le hockey sur luge est un sport paralympique depuis les Jeux olympiques d'hiver de 1994 tenus à Lillehammer, en Norvège.

- En 2006, l'équipe canadienne a remporté la médaille d'or aux Jeux paralympiques de Turin, en Italie.

RINGUETTE

La ringuette est l'un des jeux les plus rapides sur la glace. C'est un sport authentiquement canadien. Inventé en 1963 à North Bay, en Ontario, ce nouveau sport d'hiver a été spécifiquement conçu pour les filles. Aujourd'hui, les garçons jouent aussi. Bien que semblable au hockey, la ringuette est un sport original avec ses propres règles et ses défis. La partie est divisée en deux périodes de 15 minutes pour les joueurs de quatorze ans et moins, et en deux périodes de 20 minutes pour les joueurs plus âgés. Le gouvernement reconnaît la ringuette comme un sport faisant partie du **patrimoine**.

Une équipe est composée de six joueurs — cinq patineurs et un gardien de but. Les joueurs font glisser un anneau de caoutchouc bleu autour de la patinoire. Ils n'ont pas le droit de le faire passer à travers la ligne bleue. Ils doivent l'envoyer à un coéquipier. Les équipes ne disposent que de 30 secondes pour lancer vers le filet. Si le **chronomètre** sonne, l'anneau est remis à l'autre équipe, et c'est le gardien qui effectue la mise au jeu.

Seize équipes font partie de la Ligue nationale de ringuette (LNR) : cinq dans l'ouest du Canada et onze dans l'est.

Seuls trois joueurs de chaque équipe et les gardiens de but sont autorisés à jouer à l'intérieur de la zone de jeu libre. Seuls les gardiens peuvent jouer à l'intérieur de la zone de but.

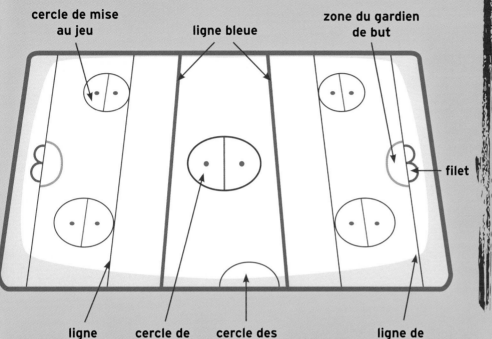

cercle de mise au jeu

ligne bleue

zone du gardien de but

filet

ligne de jeu libre

cercle de mise au jeu

cercle des officiels sur la glace

ligne de but

ON S'ÉQUIPE!

- Les joueurs de ringuette portent un casque muni d'une visière protectrice ou d'une grille triangulaire pour éviter de se faire frapper par un bâton.

- Tout l'équipement protecteur est obligatoire, sauf les protège-dents.

- Un bâton de ringuette est une longue tige droite terminée par un bout effilé en acier, en plastique ou en aluminium.

Un gardien relance l'anneau après un tir vers le filet.

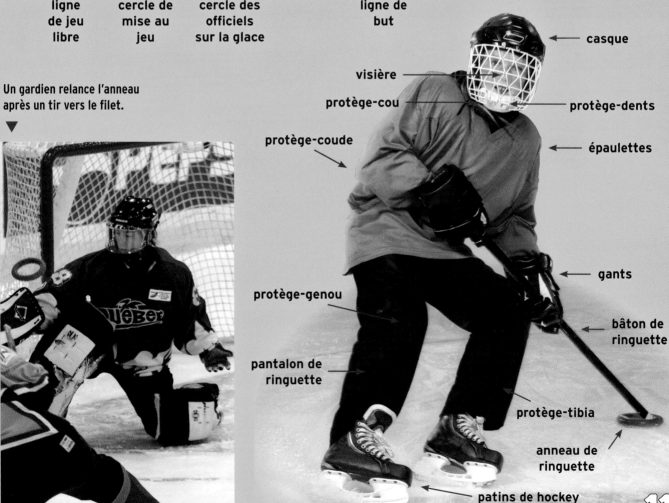

casque

visière

protège-cou

protège-dents

épaulettes

protège-coude

gants

protège-genou

bâton de ringuette

pantalon de ringuette

protège-tibia

anneau de ringuette

patins de hockey

11

PATINAGE ARTISTIQUE

Le patinage artistique doit son nom aux figures réalisées par les athlètes, ou aux formes gravées sur la glace par la lame effilée de leurs patins. Au bout de chaque patin, il y a une partie dentelée, dont le patineur se sert pour prendre appui sur la glace lorsqu'il veut sauter, tourner et atterrir.

Le patinage artistique combine des éléments **techniques** (sauts et vrilles) et des mouvements **artistiques**. En compétition, les patineurs exécutent un programme court, ou une routine, et un programme de patinage libre plus long. Les patineurs sautent, virevoltent et glissent sur la glace lors de chorégraphies accompagnées de musique. Des juges leur accordent des points pour leurs performances. Certains patineurs exécutent des solos alors que d'autres patinent en couple et font des sauts lancés. Les danseurs sur glace démontrent leur élégant **jeu de pieds** sur la patinoire. Dans les épreuves **synchronisées**, des groupes de patineurs effectuent leurs chorégraphies à l'**unisson**.

Patrick Chan, pionnier de la discipline, est un médaillé olympique. Il a été champion national et champion du monde, récipiendaire du prix Lou Marsh du Canada décerné à l'athlète de l'année.

L'équipe de patinage synchronisé NEXXICE a remporté les championnats canadiens et les championnats du monde à plusieurs reprises.

Les Canadiens Natasha Purich et Mervin Tran pendant une épreuve de patinage libre en couple en 2013.

COMPÉTITIONS DE PATINAGE

- Organisées par Patinage Canada, les compétitions de patinage artistique sont disputées aux niveaux local, régional, national et international.

- Les premiers championnats canadiens officiels de patinage artistique ont eu lieu en 1914.

- Le patinage artistique a été le premier sport d'hiver inscrit au programme des Jeux olympiques. Il est apparu pour la première fois aux Jeux olympiques de 1908.

PATINAGE DE VITESSE

Depuis que les gens patinent, aller vite fait partie du plaisir. La première course enregistrée au Canada a eu lieu en 1854 sur le fleuve Saint-Laurent gelé entre Montréal et Québec. Les gens avaient envie de filer à toute vitesse sur des lames d'acier et c'est ainsi que le patinage de vitesse est devenu populaire. Aujourd'hui, il y a trois principaux types de compétition : sur piste courte, sur piste longue et la poursuite par équipes.

Les courses sur piste courte voient s'affronter de deux à six patineurs sur 111 m. Lors des compétitions sur piste longue, deux patineurs s'affrontent sur une piste de 400 m. En ce qui concerne les poursuites par équipes, deux équipes de trois patineurs rivalisent, comme dans les compétitions de cyclisme sur piste.

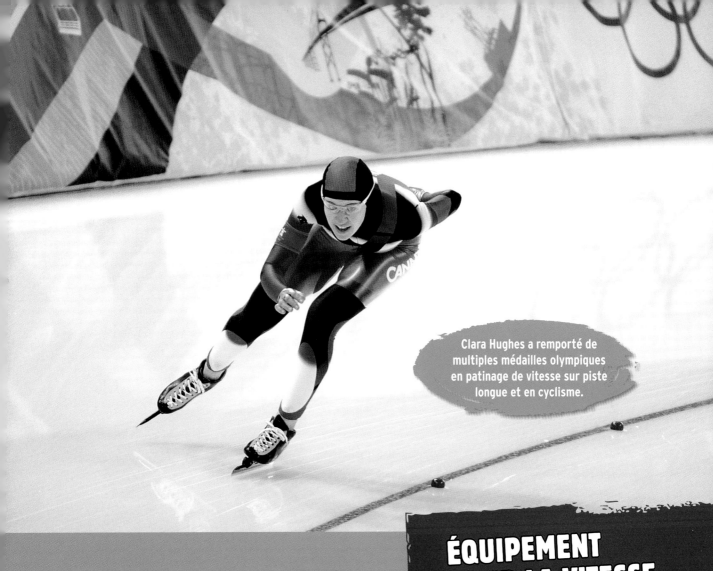

Clara Hughes a remporté de multiples médailles olympiques en patinage de vitesse sur piste longue et en cyclisme.

ÉQUIPEMENT POUR LA VITESSE

▼ Les patineurs sur piste longue utilisent des patins clap, munis d'une charnière à l'avant, ce qui permet à l'athlète de se propulser et lui assure plus de vitesse.

- Les patins pour piste courte n'ont pas de charnière comme ceux conçus pour la piste longue. Les patins pour piste courte ont également une lame plus courte. Ceci donne au patineur davantage de contrôle.

- Les patineurs de vitesse portent un costume **aérodynamique** avec des protège-tibias et des protège-genoux ainsi qu'un casque et des lunettes protectrices.

- Les patins clap sont ainsi nommés à cause du bruit qu'ils font entendre lorsque le talon se rabat sur la lame.

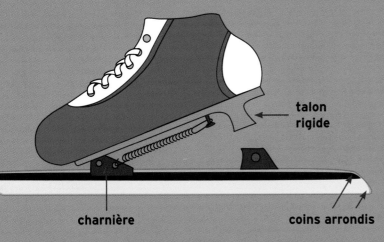

talon rigide

charnière

coins arrondis

CURLING

« Mener des pierres à la maison » peut paraître une activité bizarre, mais, au Canada, c'est un sport. Au curling, les joueurs font glisser de lourdes pierres sur une étroite bande de glace. Les joueurs visent trois cercles concentriques à l'extrémité de la glace qui marquent la maison. Le cercle au centre s'appelle la mouche ou le bouton. Le but du jeu est d'amener la pierre le plus près possible du bouton.

Un capitaine planifie la stratégie de l'équipe. À tour de rôle, les équipes font glisser les pierres vers la maison. Deux balayeurs utilisent des balais spéciaux pour brosser la glace devant la pierre. Ce mouvement de brossage fait légèrement fondre la glace, ce qui aide la pierre à avancer plus loin. En balayant la glace à certains endroits, les joueurs peuvent contrôler la trajectoire suivie par la pierre. Les coéquipiers essaient de pousser les pierres de l'équipe adverse hors de la maison. À la fin de la partie, l'équipe gagnante est celle qui a amené le plus de pierres près du bouton.

Dans certaines communautés, des patinoires extérieures sont aménagées. Des gens consacrent bénévolement leur temps à enseigner le jeu aux autres.

Les joueurs qui font glisser la pierre portent des chaussures munies de semelles lisses. Ceci leur permet de glisser sur la glace.

balayeur

balais

maison

pierre

cercles de la maison

bouton

▲ On vaporise de l'eau qui gèle au contact de la glace et forme de petites bosses à la surface. Cette glace fond quand la pierre glisse dessus et rend la surface lisse.

INFORMATIONS SUR LE CURLING

- On a commencé à jouer au curling en Écosse au 16e siècle.

- Un tournoi de curling s'appelle un bonspiel.

- On qualifie le curling de « jeu rugissant » à cause du grondement produit par les pierres qui raclent la glace.

- Les pierres de curling sont en granite, une roche lourde. Elles pèsent de 17 à 20 kg.

- Le curling en fauteuil roulant permet aux joueurs handicapés de faire glisser la pierre à l'aide d'un bâton.

SPORTS DE GLISSE

Les sports de glisse ne sont pas pour les petites natures! Lors des épreuves, les athlètes participent à des courses dans différents genres de traîneaux sur une piste glacée. Il y a trois principaux types de sports de glisse : le skeleton (un participant seulement), la luge (un ou deux participants) et le bobsleigh (deux ou quatre participants).

Le conducteur de skeleton s'appelle le coureur. Il court derrière le traîneau, plonge et se lance sur la piste, la tête la première. Le traîneau n'a pas de freins et ne ralentit dans la neige qu'à la fin du parcours. Les lugeurs, eux, glissent sur le dos, les pieds devant. Au début, le lugeur se balance d'avant en arrière, puis il s'élance sur la piste. Pour ralentir à la fin de la course, le lugeur s'assoit. Les équipes de bobsleigh, constituées de deux ou quatre athlètes, commencent la course à côté du traîneau. Puis les coéquipiers sautent dedans un à la fois. Ils glissent les pieds devant et dévalent la piste sinueuse.

En bobsleigh, le pilote tourne en se servant de cordes attachées aux **patins** du traîneau. Le freineur à l'arrière contrôle les freins.

18

Le centre de glisse de Whistler en Colombie-Britannique a la piste de glace la plus propice à la vitesse au monde. Sa longueur est de 1 450 m.

QUELLE VITESSE?

- Un conducteur de skeleton peut atteindre la vitesse de plus de 130 km/h.

- Une équipe de bobsleigh peut dévaler la piste à plus de 140 km/h.

- Un lugeur peut glisser à plus de 150 km/h.

La lugeuse canadienne Alex Gough descend la piste glacée aux Championnats du monde de luge à Altenberg, en Allemagne, en 2012. ▶

Le Canadien Eric Neilson saute sur son traîneau pendant une compétition de la Coupe du monde de skeleton tenue à Calgary en 2012. ▲

INFORMATIONS SUR LES SPORTS DE GLISSE

- Le skeleton porte ce nom parce que les gens trouvaient que le traîneau ressemblait à un squelette!

- Dans tous les sports de glisse, l'athlète doit être le plus aérodynamique possible en s'accroupissant ou en s'allongeant sur le traîneau.

- Les sports de glisse impliquent une grande vitesse et peuvent se révéler dangereux. Il est obligatoire pour les athlètes de porter un casque et c'est également une bonne idée de faire la même chose quand on pratique le toboggan de loisir!

SKI

Qu'il s'agisse d'une balade dans une forêt enneigée ou d'une descente effrénée du haut d'une montagne, le Canada offre des lieux extraordinaires pour skier. En ski de fond, ou ski nordique, les gens glissent sur la neige sur différents genres de terrains. En descente, ou ski alpin, on file à toute vitesse sur une pente escarpée.

Les courses de ski comprennent divers types de compétitions, comme la descente, le slalom ou le ski acrobatique. En compétition de descente, il s'agit d'arriver le plus vite possible au pied de la montagne. Les participants dévalent la pente sans drapeaux ni barrières. Ils peuvent atteindre la vitesse de 130 km/h! En slalom, les concurrents louvoient entre des drapeaux disposés sur la piste.

L'autre catégorie de ski alpin est connue sous le nom de ski acrobatique. Les athlètes foncent alors sur une piste spéciale en accomplissant des **acrobaties**, dans les épreuves de **bosses**, de **sauts**, de **demi-lunes** et de **slopestyle**.

Certains skieurs nordiques peuvent parcourir des distances impressionnantes : plus de 100 km par jour!

Le saut à ski fait partie des Jeux olympiques d'hiver depuis 1924. L'épreuve féminine a été ajoutée au programme des jeux de 2014 à Sotchi.

LE DÉCOLLAGE!

En saut à ski, les sauteurs s'élancent à partir de la rampe de départ et s'envolent dans les airs pour atterrir le plus loin possible. Les sauteurs utilisent des skis beaucoup plus longs et larges que ceux utilisés en ski alpin. Ils mesurent environ 260 cm contre 200 cm pour les skis alpins.

Alexandre Bilodeau a été le premier Canadien à remporter une médaille d'or dans une épreuve masculine de bosses aux Jeux olympiques d'hiver de 2010.

QUELLE VITESSE?

- Les skieurs alpins experts atteignent en moyenne des vitesses de 15 à 30 km/h.

- Les descendeurs atteignent souvent des vitesses de 65 à 130 km/h, et les athlètes de niveau olympique atteignent des vitesses de 120 à 150 km/h.

- Le record du monde de vitesse à ski est de plus de 250 km/h.

SURF DES NEIGES

Le surf des neiges est semblable au surf, mais il se pratique sur la neige!
La planche à neige a été élaborée aux États-Unis en 1965 : il s'agissait
alors d'une planche de bois plus courte et plus large qu'un ski normal. Les
planches à neige sont désormais fabriquées en fibre de verre et d'autres
matériaux sophistiqués. Des fixations maintiennent les bottes de l'athlète en
place, et la cambrure, ou l'arche, assure une plus grande stabilité.

En surf acrobatique, les athlètes déplacent le poids de leur corps afin
d'enchaîner les virages sur les pentes. En demi-lune, ou *half-pipe*, ils
zigzaguent le long d'un demi-cylindre en effectuant un saut à chaque
fois qu'ils atteignent l'extrémité de la paroi. Ils utilisent leur vitesse pour
gagner de l'amplitude et exécuter des sauts périlleux, des rotations et des
grabs.

Le snowkite est une variante de la planche à neige. L'athlète tient une
poignée attachée à un énorme cerf-volant. Le cerf-volant prend le vent et
tire le planchiste derrière lui. Pour pratiquer ce sport, nul besoin d'une
colline : il suffit d'un grand espace ouvert, d'un vent fort et de nerfs à toute
épreuve!

Il existe plusieurs épreuves de planche à neige : la planche alpine, la demi-lune, le slalom géant et le **boardercross.**

Un planchiste participe à la Coupe du monde masculine de *half-pipe* au Parc Olympique Canada à Calgary.

INFORMATIONS SUR LE SURF EXTRÊME

- Le surf des neiges est devenu un sport olympique en 1998. Il a été ajouté au programme des Jeux paralympiques en 2014.

- En planche à neige, si vous descendez avec le pied droit devant, vous êtes « *goofy* ». Si vous descendez avec le pied gauche devant, vous êtes « *regular* ».

- La planche longue est plus rapide que la courte, mais cette dernière est plus facile à contrôler.

Le snowkite peut être pratiqué presque partout où il y a de la neige et du vent, qu'il s'agisse d'un lac gelé ou d'un champ ouvert. ▼

Des lunettes empêchent la neige et le soleil d'entrer dans les yeux du planchiste.

Un casque protège la tête du planchiste.

Un blouson et un pantalon imperméables gardent le planchiste au chaud et au sec.

Les bottes s'emboîtent dans la planche à l'aide de fixations.

Le dessous de la planche est couvert de cire pour aller plus vite.

COURSE DE CHIENS DE TRAÎNEAU

Si vous entendez « mush, mush », prenez garde! Un attelage de chiens arrive peut-être dans votre direction! Cet attelage est dirigé par un musher. Le musher crie pour dire aux chiens de tourner, d'accélérer ou de s'arrêter. « Hike » ou « mush » est la commande qui marque le début de la course. « Haw » indique aux chiens de tourner à gauche. « Gee » leur indique d'aller à droite. Pour s'arrêter, le musher crie « whoa! »

Les chiens assument différents rôles. Les chiens de tête déterminent l'allure tandis que les chiens de pointe aident à prendre les virages. Les chiens du centre aident à tirer la charge. Les chiens de barre sont les plus proches du traîneau. Ce sont les plus costauds parce qu'ils doivent faire avancer le traîneau. Les chiens occupent parfois différents postes à tour de rôle.

Le traîneau file sur la glace ou la neige sur deux longs patins. Le musher est debout et tient une poignée à l'arrière du traîneau, un pied sur chaque patin. Les passagers et la marchandise s'entassent dans un compartiment devant le musher.

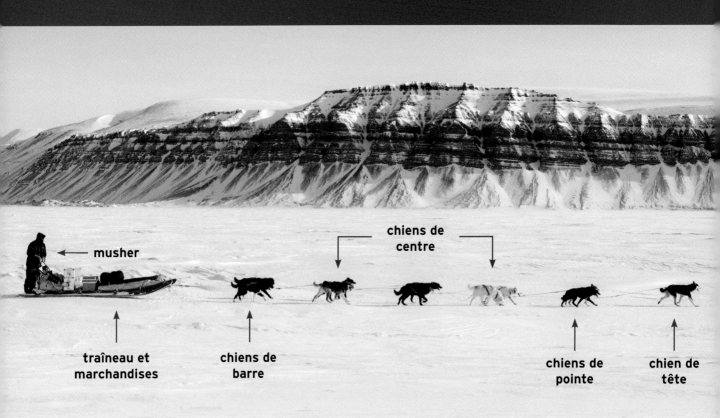

chiens de centre

musher

traîneau et marchandises

chiens de barre

chiens de pointe

chien de tête

Des bottines protègent les pieds des chiens de la neige glacée!

◄ Les traîneaux modernes sont fabriqués en aluminium léger, en fibre de verre et en plastique.

◄ Le *gamutiik* est un traîneau conçu par les Inuits. Plutôt que de se tenir derrière le traîneau, le conducteur s'assoit dans le compartiment à l'avant.

MUSH!

- La course *Yukon Quest* est disputée entre Yellowknife, au Yukon, et Fairbanks, en Alaska. Le trajet de 1 600 km est parcouru entre 10 et 20 jours!

- La course de chiens de traîneau *Iditarod Trail* en Alaska a lieu tous les ans en mars depuis 1973. Des attelages de 12 à 16 chiens courent sur une distance de 1 600 km.

- La course de chiens de traîneau a été un sport de démonstration aux Jeux olympiques de 1932 et de 1952, mais le sport n'a pas reçu de statut officiel.

MOTONEIGE

Conduire une motoneige rapide est une façon exaltante de s'amuser dans la neige. Mais les premières motoneiges ont été construites pour le travail et non pour le jeu! Joseph-Armand Bombardier a inventé la motoneige dans les années 1930 pour transporter les travailleurs des services d'urgence dans la neige profonde. Il a poursuivi en construisant le *Ski-Doo* plus petit et plus rapide en 1959, et c'est ainsi que le sport est né!

Les conducteurs assurent leur sécurité en portant un casque et des lunettes et ils s'habillent de façon à se protéger du froid. Les pilotes de motoneige pratiquent ce sport pour le plaisir ou participent à des courses de grande vitesse. Le *snowcross* est une épreuve populaire où les coureurs rivalisent sur un parcours où il faut faire des sauts très hauts et négocier des virages abrupts.

Au Canada, il y a plus de 137 000 km de pistes de motoneige.

Le *snowcross* est un sport semblable au *motocross*, mais on le pratique avec des motoneiges de haute performance plutôt qu'avec des motos.

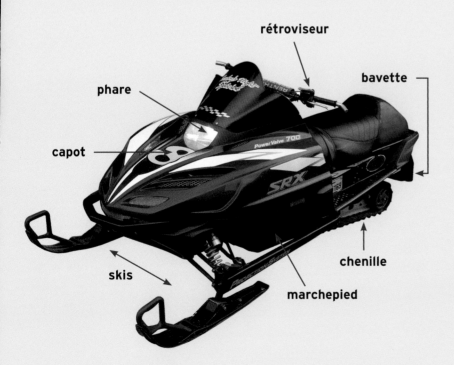

rétroviseur

bavette

phare

capot

skis

marchepied

chenille

QUELLE VITESSE?

- Le record du monde de vitesse d'une motoneige en compétition est de 277,13 km/h. La course a eu lieu le 13 mars 2004 à North Bay, en Ontario.

- Le record du monde de vitesse d'une motoneige sur terrain, établi en 2008, est de 338,7 km/h.

- Le record du monde de motoneige sur glace a été établi en janvier 2016. Le véhicule de haute performance a atteint près de 250 km/h.

RAQUETTE

Crounch! C'est le son produit par une raquette quand elle se pose sur la neige fraîche. Les gens portent des raquettes pour se déplacer dans la neige depuis plus de 4 000 ans. On fabriquait les premières raquettes en recourbant des montants de bois et en entrelaçant des lanières en peau d'animal entre ces montants pour faire une grille. Les trous permettaient à la neige de tomber à travers la raquette.

En hiver, ce sport constitue un loisir très populaire. Pour le plaisir, les raquetteurs peuvent marcher en forêt et jouir de la splendeur du paysage hivernal. Quand ils ont de la chance, ils aperçoivent des animaux comme des lièvres et des cerfs. Les courses en raquettes s'adressent aux personnes plus aventureuses. Les coureurs portent des raquettes plus petites et plus légères pour courir sur la neige. Les distances parcourues vont de 5 à 70 km.

La raquette est présente aux Jeux olympiques spéciaux tenus tous les deux ans, et qui réunissent plus de trente sports.

▼ patte d'ours

▼ queue de castor

FONCER DANS LA NEIGE

- Certains raquetteurs assurent leur équilibre à l'aide de bâtons. D'autres portent des **jambières** pour éviter que la neige s'accumule sur leurs bottes.

- La raquette répartit le poids de la personne sur la neige, ce qui lui évite de s'enfoncer.

- On dit qu'on « se fraie un passage » quand on ouvre un nouveau chemin dans la neige.

◀ Il existe plusieurs types de raquettes traditionnelles, notamment la patte d'ours et la queue de castor (ci-dessus à gauche). Les raquettes modernes (à gauche) sont en aluminium, un matériau plus léger et plus résistant que le bois.

29

ESCALADE DE GLACE

La force et l'endurance sont les deux caractéristiques nécessaires pour pratiquer le sport extrême de l'escalade de glace. De nombreux grimpeurs pratiquent ce sport excitant pendant l'hiver. Il y a deux types d'escalades de glace. Les grimpeurs peuvent tester leurs aptitudes sur la « glace alpine », la neige glacée et compacte qu'on retrouve au sommet des montagnes. Ils peuvent aussi escalader des **glaciers**, ou des cascades d'eau gelée. Escalader une chute d'eau glacée représente un défi de taille parce que l'escalade est **verticale**. La glace alpine est peut-être un peu plus facile, mais il n'est pas facile d'y accéder : il faut d'abord escalader la montagne!

La glace peut être dure ou molle, cassante ou résistante. Pour s'y agripper, les grimpeurs attachent à leurs bottes des pics effilés appelés **crampons**. Ces pics s'enfoncent dans la glace et permettent aux grimpeurs de se déplacer. Ceux-ci utilisent un piolet qu'ils plantent dans les parois, ce qui les aide à se hisser vers le haut.

L'escalade de glace peut se révéler dangereuse. Les grimpeurs portent donc un casque et un harnais qui est ancré dans la glace. À différents endroits, on peut fixer des vis dans la glace. On attache ensuite des cordes à ces vis pour rattraper les grimpeurs s'ils glissent.

En Amérique du Nord, les Rocheuses représentent le lieu idéal pour pratiquer l'escalade de glace.